그곳에 가면 누가 있나요

문학과사람 시선 032

그곳에 가면 누가 있나요
문학과사람 시선 032

초판 1쇄 발행 | 2024년 5월 31일

지 은 이 | 박연식
펴 낸 이 | 김광기
펴 낸 곳 | 문학과 사람
등록번호 | 제2016-9호
등록일자 | 2016년 7월 22일
주　　소 | 경기도 시흥시 하상로 36 금호타운 301-203
　　　　　 서울시 마포구 성미산로 1길 30, 2층
전　　화 | 031) 253-2575
전자우편 | poetbooks@naver.com
홈페이지 | http://cafe.daum.net/yadan21

ISBN 979-11-93841-08-2 03810

값 12,000원

강원특별자치도　강원문화재단 Gangwon art & Culture Foundation

* 이 책은 강원특별자치도, 강원문화재단 후원으로 발간되었습니다.
* 이 책은 전부 또는 일부 내용을 재사용하려면 저자와 '문학과 사람'의 동의를 받아야 합니다.
* 이 도서의 국립중앙도서관 출판도서목록은 서지정보유통지원시스템 홈페이지(http://seoji.nl.go.kr)와 국가자료공동목록시스템(http://www.nl.go.kr/kolisnet)에서 이용하실 수 있습니다.

* 이 시집은 교보문고와 연계하여 전자책으로도 출간됩니다.

그곳에 가면 누가 있나요

박연식 시집

* 본문에서 페이지가 바뀌며 연 구분 공간이 있을 때에는 〈 표기를 합니다.

■ 시인의 말

집안에 꽃이 시들면

꽃길 가듯 화원에 간다.

거실엔 늘 꽃이 피고 진다.

모아놓은 시들을 다시 읽어보며

조심스럽게 묶어 놓는다.

2024년 5월, 박연식

■ 차 례

1부

산 – 19
어느 날 아침 – 20
꽃들의 왈츠가 있던 날 – 22
주부의 근성 – 24
회오리바람같이 – 27
새벽 – 28
오늘은 – 30
느린 걸음으로 – 31
그림자 – 32
풍경 – 33
엄마 생각 – 34
시가 오는 지점 – 36
나의 일기 – 38
나의 메인(main)요리 – 40
내가 좋아하는 낱말 – 42
사는 일 – 43
살다 보니 – 44
부석사에 가다 – 46
눈비 내리는 날 – 47
효심은 없다 – 48

2부

어젯밤 – 53
포장마차 – 54
행복과 그늘 – 56
귀농한 친구 이야기 – 58
늦여름 오후 – 60
여백 – 61
밝은 아침 – 62
명지 – 64
내 공간 – 65
갈등 – 66
첫눈 – 68
동공 – 69
대화 – 70
도윤이 – 72
어느 겨울날 – 74
그곳에 가면 누가 있나요 – 76
말없이 듣기만 했다 – 78
잡념 – 79
장마가 시작된다는 날 – 80
비 온 뒤 – 81

3부

성묘 - 85
친구 엄마 - 86
주말 일기 1 - 87
주말 일기 2 - 88
불면 - 90
내게 있었던 일 - 92
소나기 - 93
시 한 줄 - 94
어떤 추락 1 - 96
가을 새 - 98
어떤 망각 - 99
피날레(finale) - 100
어느새 - 101
쓸쓸한 일 - 102
국화 축제 - 104
구월 - 105
어느 오후 - 106
내 생일 - 108
올겨울 - 110
십이월 - 112

4부

손바닥 소설 - 117
덕담 - 120
오늘은 - 122
구정 지나 - 123
흐린 날 - 124
삼월 - 125
산길에서 - 126
어떤 날 - 127
봄날 오후 나무숲에서 - 128
쉬어가다 - 129
빈 그네 - 130
늦은 오월 - 132
어떤 인연 - 133
오뉴월 감기 - 134
나무 아래 있었다 - 135
메시지를 받다 - 136
여름날 - 138
나 - 139
나는 어떤가 - 140

■ **해설** | 박현솔(시인, 문학박사) - 143

1부

산

창가에 해가 들면
작은 무늬 속으로 하늘을 본다
겹겹이 선을 이룬 산
멀고 흐릿한 능선에는
시간이 고정된 듯
시선이 머무는 곳

뭉쳤다 흩어짐을 반복하며
쌓이는 이력과 꿈을 이루는 구름 사이
분주히 드나드는 바람의 음색이 전해질 때
숲은 산의 속내를 채우고
붉은 구름이 언덕을 내려올 때쯤
구름의 그림자를 모아
몸을 낮추며
산은
어두워진다

어느 날 아침

해가 떠오르기 전
싸늘한 공기가 좋다
아파트 담이 굳게 닫힌 문처럼 느껴질 때
멈칫 길을 비켜주던 차 한 대가 지나간다

땅을 잘 보고 다녀야 한다는
할머니의 말이 전설처럼 아득한데
아직도 걸을 때마다
땅을 간간이 내려다보는 나
콘크리트 땅에 묻힌 소나무 길
가로수는 행인들의 발길을
곧은 자세로 지켜내야 하므로
열을 지어 섰나 보다
곧은 몸으로 행렬을 이루고
푸르게 뭉친 솔잎들을
한동안 올려다본다
새어 나온 바람들이 갓길로 비껴가고
잠시의 인연들이

바람처럼 흩어질 때
파란 하늘과 구름들이
앞서거니 뒤서거니
분주히 흘러간다
덧없다는 듯이

꽃들의 왈츠가 있던 날

산들바람은
산에서 들에서만
아주 오래전에 불었었지

바람은 불지 않는다
세상 곳곳으로 스며들 뿐

어느 날 격하게 세상을 휘저을 때도
그 단단함에 대해 말할 수 없다
세상은 흔들려야 하고
그를 향해 있는 것은 바람이었으니

지난날
꽃들의 왈츠가 산야를 덮을 때
내 등 뒤에서 쓸쓸히 지나는 바람을 보았다
어디에도 섞이지 못하는 내가
오롯이 나일까
〈

그리운 것은 언제나 아득하고
외로워서 흔들리는 바람도
깊은 숲에서 잠들 때가 있다

주부의 근성

 어느 날 TV를 켜는 순간 요리 프로가 나왔다. 나는 반가운 마음이 되어 열심히 보고 있었다. 화면에는 예쁜 아나운서와 젊은 주부가 나왔는데 말씨도 예쁘고 손도 예쁘고 요리도 예뻤다. 그날의 요리는 편육이었다. 평소에 나도 편육을 잘한다고 자부하기에 그날따라 관심이 쏠렸다. 저녁이 되어 갈 때 남편에게 전화를 했다. 남편은 자주 저녁 식사를 하고 오는 편이다. 그래서 전화로 오늘 저녁 약속은 어떻게 되느냐고 물어본 뒤 기분 좋은 목소리로 "저녁에 편육 요리를 하려고 그러는데."라고 했더니 총알 같은 답변이 왔다. "어, 그래 여보? 영신이와 혁재 데리고 가서 술 한잔할까?" "그래요." 나는 친절의 일관성을 위해 선뜻 대답했지만 나이든 남자들의 근성이 나오는 것에 대한 약간의 실망은 감출 수 없었다.

 나는 손님 맞을 준비에 갑자기 우왕좌왕했다. 마음이 바쁘다 보니 오늘 TV에서 배운 편육은 자신이 없어서 내 요리법으로 하기로 했다. 먼저 장 보러 갈

목록을 꼼꼼히 적었다. 대파, 양파, 생강, 계피, 우유, 된장, 커피. 편육에는 들어갈 부재료가 언제나 많다. 그런데 나는 평소에 손이 크다는 소리를 듣는 맏며느리가 아닌가. 장바구니가 넘치도록 장을 봤다. 이 많은 재료들은 내 경험과 감각을 통해 마치 달인의 손에서 다루어지듯 움직인다.

 상을 예쁘게 차리기 위해 과일 샐러드도 하고 청록색 요리, 흰색 요리 등 색상까지 마음을 썼다. 나름대로 마음에 드는 요리상이 차려졌다. 나는 손님을 기다리다 기분 좋은 성취감에 젖어 거울 앞에 섰다. 내가 입은 앞치마가 예뻐 보였다. 나는 남편이 좋아할 얼굴과 남편 친구분들의 칭찬을 기다리는 설렘에 흥분하고 있었다. 드디어 남편과 손님들이 왔다. "어유! 완전 예술이에요!" 내 기대에 어긋나지 않은 그들의 목소리. 난 성공했다. "많이 드세요." 인사를 하고 난 뒤 세 시간 네 시간이 지나도 끝나지 않는 술자리. 나는 문득 시 창작반에서 가던 술자리가 생각났다. 그날 나는 '저렇게 긴 술자리는 당연한 거야'라고 생각하며 너그러운 마음으로 인내하고 있었다. 이런저런 생각하던 중 피곤이 밀려왔다. 진을 빼는 술자리가 끝난 요리상은 헤집어 놓은 쓰레기장 같았다. "뒤처리는 자기가 해요." 그러고는 자버렸다.

　TV에서 예쁜 요리사에 자극을 받아 요리가 하고 싶어진 나, 그것은 오랜 세월 길들여진 전업주부의 근성이었다. 그 근성 탓으로 분별없이 일을 벌인 일에 자아도취에 빠진 하루였다.

회오리바람같이

빗줄기 사이로 바람이 휘청인다
창문을 세차게 때리고
돌아가는 비
세상을 떠돌다 되돌아올 때면
한풀 기운을 뺀 자리

내가 버린 것들이
바람처럼 날아와
문장으로 쌓이고
퇴고하다 버린 문장들이 되돌아오면
또 한 번의 시인이 될 것이다

새벽

삼십 분만 걷겠다고 길을 나섰다

발자국 숫자가 헷갈린다
끼어든 잡념이 내게 묻는다
오늘의 이정표를

보폭을 멀리하다 보면
가쁜 내 숨소리를 듣는다

어제 까치가 서성이던 자리
비둘기가 거닌다
나뭇잎이 흔들린다
내 앞을 지난 바람이
숲으로 스며들었을 뿐인데

높은 아파트 벽들은
자신들의 숫자와 기표들로부터
하얗게 하루를 준비한다

내가 걷는 오늘은
어제 죽은 자가 꿈꾸던 내일이라는
어느 시인의 말을 생각하며
보폭을 넓혀본다

오늘은

집중해서 책이 읽히지 않아
잡고 있던 볼펜을 그려 보았습니다
천지간에 이렇게 못생긴 볼펜이 없겠다는
생각을 했습니다
아주 많은 물건들이 방을 어지럽히고 있고
창밖 하늘 아래 세상이 아주 복잡합니다

화가는 이 복잡함을 어떻게 화폭에 담을까
화가에게 그림을 선물 받았습니다
아주 많은 선을 들여다볼 때마다
화가의 손끝이 신기했습니다

강한 햇빛 위로 구름이 걸림 없이 지납니다
해와 구름 틈새에 하늘이 있는 날입니다

느린 걸음으로

차를 몰고 어딘가를 달릴 때
불쑥 나타났다 사라지는 것들
표지판을 지나면 뒤를 쫓는 차들 뒤로
되돌려지지 않는 길들이
뒷걸음치고
속도를 내며 잊혀가는 시간들

일정한 속도를 지나는 버스가 앞을 가르면
아주 느리게 가고 싶다
현재는 존재하지 않는 이 길을

그림자

어느 날
오래 내려다본 내 그림자
발밑에 일그러진 한낮
빛과 나 사이를
가장 정확히 측정하며
내 이력과 속내를 쌓아가는 중이다
한 생의 무게에 눌려
회색빛이 된 내 수행자

허공을 나는 새들은
아마도
거추장스러운 제 그림자
산기슭 어디엔가 떨구고 갔을지도 모를
거대한 산이 움직일 때면
빛들은
서둘러 시간을 거두고
휴식에 드는 것이다

풍경

신내천 개울가
벚꽃 진자리
연두 잎 나날이 무성하다
다투어 피어난 철쭉이
빈자리 가득 채우고
덩달아 물소리 힘을 내는데

털모자 깊숙이 눌러 쓴 노객
시간이 이르다는 듯
발길 멈추고
붉은 노을 올려다보며
지팡이 깊게 땅을 짚고 섰는데

나뭇가지로 알아차린
하얀 학 한 마리
털모자 쓴 노객과 나란히
노을 속으로 멀어져간다
점 하나를 남기며

엄마 생각

휴대폰 영상으로 아이들 세배를 받고 코로나 19를 견디고 있다. 설 명절 탓일까, 엄마 노릇이 하고 싶었다. 곱창 김을 굽고 정성을 다해 쌈장을 만들고, 들기름을 병마다 겹겹이 싸고, 깨소금과 통깨를 담고 차곡차곡 쌓아 짐 꾸러미를 만들었다. 그리고 터미널로 가서 버스 편으로 딸에게 부쳤다. 짐을 받아 풀어보고 반가워할 딸아이를 생각하며 조금 설레기도 했다.

"엄마 짐 찾으러 터미널 갈 새가 없는데 주말도 아니고 상의도 없이 짐을 부치시면 어떻게 해요?"
"그렇구나!"
난 나이 든 사람이고 직장에 매여 있는 딸 사정을 헤아리지 못한 둔한 엄마였구나 생각하며 자책을 했다.

돌아가신 엄마가 문득 떠올랐다. 내 얼굴을 하루만 못 봐도 뭔가 음식을 해서 오신다. 나를 보기 위해서 핑계를 만들어 장애 차를 밀고 오시던 엄마. "엄마 힘드신데 왜 이런 걸 해오세요?" 하며 질책하던 나. 이제 내 곁을 차례차례 떠나신 어른들, 내가 어른이 된 지금 막다른 길에 들어선 것처럼 초조할 때가 있다.

 주면서 미안해하는 엄마, 엄마를 닮아가는 나. 엄마가 보고 싶다. 눈물이 난다. 엄마의 외로운 사랑도 나의 후회하는 사랑도 가여운 날.

 벽에 걸린 시계의 초침 소리가 유난히 크다. 뒷걸음 칠 수 없는 시침이 쉼 없이 시간을 잘게 부수고 있다.

시가 오는 지점

  나는 언제부터인가 사람들 사이에서 나누는 인사말 중 '건강한가?'라는 말이 가장 중심이 된다는 것을 깨달았다.
  지지난해 나는 탁구를 치다 팔을 다친 이후로 20년 즐기던 탁구를 접었다. 그로 인해 오랜 세월 틀이 잡혀있던 내 생활 리듬이 깨지고 몸 편한 데만 마음을 쓰고 살았다. 그런 생활이 오래 지속되던 중 난 생각했다. 겨울잠에서 깨어나는 생명체들처럼 몸도 마음도 깨어나야 했다. 그 후 나는 나만의 산책길을 개척하게 되었다. 이 길은 많은 사람들이 밟고 지나간 것이겠으나 내가 닦아놓은 나만의 길이라고 믿고 싶었다. 나는 올봄에 다시 이 길을 가고 있다. 이른 아침 아니면 한낮 또는 해 질 무렵 그렇게 그곳에 갈 때마다 바람도 다르고 발밑에 서걱대는 흙 소리도 다르다. 어제는 쬐그만 잎들이 온몸을 감추고 내다보더니 오늘은 좀 더 큰 눈으로 나를 본다. 그들도 나처럼 세상 밖으로 조심히 나오고 있는 것이다. 산으로 이어지는 밭둑을 걸어서 지난해 자라던 고추,

고구마, 토란, 생강, 호박, 콩, 그 외에도 이름 모를 곡식들을 시험 답안 찾듯이 떠올린다. 날마다 달라지는 주인들의 손길에 밭고랑이 정리된다. 이 길에서 나는 행복해하며 예쁘기 그지없는 새순들 그들이 궁금해서 또 찾는다.

  산다는 것은 사랑하는 일이다. 멈춤이 또 다른 것을 가져오듯이 몸과 마음의 움직임은 살아 있기 때문이다. 나는 내가 만든 이 산책길을 건강한 생각과 건강한 몸으로 오래 밟고 설렐 것이다.

나의 일기

언제부터인가
색소폰 소리가 들린다
새벽이면
슬그머니 문을 열고 나가는 남편
그는 색소폰 연습을 위해 입시생이 되었다

깜짝쇼를 위한
그의 숨은 노력을 나는 안다
나의 무관심은 그의 노력에 비례하게
멀기만 한데

어느 날
도레샘 앙상블 공연 초청장을 주는 남편
마지못해 간 공연장
중간쯤에 앉았다
단복을 입고 중앙 자리에 앉은 남편이
눈에 띄는 순간
대니 보이가 연주된다

〈
성공한 자의 얼굴이 저럴까
환한 그가
지루하던 늦바람에
귀여움을 전하는
그는 연예인이 되었다

나의 메인(main)요리

  친구 중에 왕 손이라고 알려진 요리사가 있다. 그 친구는 몇 년 전 내가 병원에 입원했을 때 먹기도 아까울 정도로 예쁜 떡을 해 온 적이 있다. 얼마 전에 그 친구 집에서 모임이 있었다. 친구가 차려온 밥상이 잔칫상처럼 화려했다. 그때 메인요리처럼 올라온 것이 더덕 인삼 샐러드였다. 맛있기도 하고 격이 높아 보이기도 했다. 우리는 필기구를 준비하고 '더덕 인삼 샐러드' 강의를 들었다.

  더덕, 인삼, 배, 잣, 밤, 대추, 베지밀, 유자청, 식초, 소금, 설탕.

  이후에 집에 와서 해보려고 하니 재료는 기억하지만 양에 대해서는 정확한 수치를 잊어버렸다. 그래도 막상 실전에 들어가면 주부로서의 오랜 경력으로 만들 수 있었다. 일단 더덕 인삼 배를 3~4cm 정도로 도톰하게 썰어놓는다. 밤은 납작하게 썰고 대추는 채를 썬다. 다음은 키친 타올에 잣을 싸서 방망이로 세게 밀면서 잣의 기름을 뺀다. 이 과정을 열 번 정도 반복한다. 기름을 뺀 잣을 베지밀에 넣고 설탕 소금 식초로 새콤달콤하게 간을 맞추어서 저으면 샐러드 소스가 완성된다. 준비된 더덕, 인삼, 배를 뷔페 접시에 모양 있게 담고 그 위에 밤, 대추, 그리고 곱게 다진 노란 유자청을 올려 장식을 한다. 마지막으로 만들어 놓은 샐러드 소스를 골고루 부으면 더덕 인삼 샐러드가 완성된다.

  손님을 맞을 때면 나는 더덕 인삼 샐러드를 메인요리로 올려놓고 요리사가 된 것처럼 뽐낸다. 지난해에는 시누이 딸의 폐백 들어오는 날 뷔페 접시를 세 개 준비하여 성공적으로 대접했다. 조카딸은 우리 외숙모 솜씨라고 자랑을 한다. 난 기분 좋게 한몫을 했다.

내가 좋아하는 낱말

내가 좋아하는 언어와 그 외의 언어들이 내가 사는 동안 얼마나 많이 나를 통과해 갔을까? 내겐 먼 기억 속 각인 되어 있는 글자가 있다. 내가 한글을 배우던 유년 시절의 이야기이다. 아버지는 내게 먹 가는 법을 가르쳐주시면서 말씀하셨다. "이게 아버지가 제일 좋아하는 글자란다." 그 글자는 親(어버이 친)이다. 아버지는 뜻풀이를 해주셨다. "立 설립, 木 나무 목, 見 볼 견. 이 세 글자를 합해서 이루어진 글자란다." 그러면서 부모가 나무 그루터기에 올라서서 자식이 오는 곳을 바라보며 기다리는 어진 모습이라고 하셨다.

내게 또 하나의 각인된 언어가 있다. 시댁 어른 중 남편도, 자식도 없이 홀로 되신 큰 어머님이 계셨다. 큰 어머님은 내게 오셔서 오랜 세월을 함께 사셨다. 그 어른은 간간이 눈길을 멀리 두고 말씀하셨다. "젊은 시절 불행했던 일들이 어사무사하다." '어사무사하다'라는 그분의 외로운 이 언어를 굳이 풀이하고 싶지는 않다.

사는 일

비가 내린다는 메시지가 온 날

하늘이 비를 내리지 않으려고 애를 쓴다고
하늘을 올려다보는 이웃의 음성이 담을 넘는다

봄날의 햇살을 보고 감탄한다는 것은
만나 본 적 없는 다른 나라에 사는 누군가와
기쁨을 나누는 뜻이기도 하다는
허연 시인의 글이 생각난다
비의 감상에 젖는 사람과
가뭄을 걱정하는 사람
한 지구를 사는 일이
한목소리로 환호할 수 없는 것인가 보다

검은 구름이 조금씩 걷히고 있다
비도 선택하며 내리려는 듯

살다 보니

술을 아주 좋아하는 남편
코로나 19 이후
술자리가 거의 없어졌다
남편은 집에서 술 먹는 일이 없었는데
공연히 술안주를 해 놓고
남편한테 술을 권했다
남편 퇴근 시간만 되면
무슨 안주를 할까 궁리를 하게 되고
나름대로 만족한 안주를 마련하곤 했다

남편 앞에 소주 석 잔이 비워질 때면
그는 낙천주의자가 되고
나는 소주 한잔으로 버티곤 했다

한주에 서너 번 만들어진 술자리가 줄어서
이젠 밖에서의 술자리가 이루어지는
일상이 돌아왔다
〈

술 약속 장소에 가는 남편을
태워다 주고 돌아오는 날이면
즐겁지도 기쁘지도 않은 일을
곧잘 하는 나
우린 내 안과 밖에 많은 길을 내고 있다

바른길로 인도하소서

나무 佛

부석사에 가다

  벼를 베어버린 논엔 남은 벼들이 더욱 노랗다. 은행나무 가로수도 반씩 나눠서 물들고 흐린 하늘 사이로 해가 간간이 들락거리는데 일행들은 저마다의 감상에 카메라의 셔터가 소리를 낸다. 부석사 뒷길 한적한 곳엔 빨간 사과가 걸음을 멈추게 하고 가을빛이 차다. 후문 매표소에서 나이를 따지다 포기한 듯 대표가 매표를 하고 돌아섰는데 공포 불이 여섯 눈으로 내다본다. 옆으로 앉아계신 부처님께 삼배를 올리고 돌아보니 승복 비슷한 옷을 입은 보살이 부처처럼 앉아서 불사를 접수하고 있다. 외면하고 돌아서 나왔다. 구품의 거리는 멀기만 하고 배흘림기둥만 돌아서 나왔다.

  가을비가 지나간다.

  *구품 : 불교에서는 사후에 아홉 곳으로 나눠 간다고 합니다. 부석사가 구품으로 지어졌다는 유래가 있는데 그 답사를 여유 있게 해볼 수가 없었습니다.

눈비 내리는 날

눈비 함께 온다
커다란 눈송이가 땅 위에 스며든다
마치 비가 눈을 받아 녹이는 것 같다
서둘러 떨어진 꽃잎이 군데군데 눈과 비에 젖는다

아침이 오고
긴 시간 햇빛이 곳곳에 비처럼 내린다
어둠으로 스며들 눈도 비도 제자리로 돌아가는 걸까

눈비 다 받아내는 나무를 자꾸 올려다본다
목련 나무 벚나무
그들은 나란히 서서 하늘과 땅 사이를 재고 있다
서로 다른 행인들의 얼굴을 기억 속에 묻어두며
그들은 뿌리가 깊어지고 몸이 굵어질 것이다

나무들은 언제나 제자리에 있다
우리들의 본래의 자리는 어디일까

며칠 전
친구가 저세상으로 갔다

효심은 없다

　긴긴 세월 병중에 계신 시부모님을 모시고 살면서 켜켜이 쌓인 인고의 시간과 갈등은 나를 철들게 했고 때로는 독하게 만들기도 했다. 세월은 불치병처럼 다가와 모든 걸 걷어가기도 했다. 강산이 변한다는 세월을 넘어 두 분 부모님이 가시고 이제 연로하신 친정엄마가 자주 편찮으시다. 엄마는 거동이 힘드셔서 기어 다니시면서도 뭔가 음식을 해 놓으시고 가져가라고 나를 부르신다. 어떤 날은 송편을 예쁘게 해 놓으시더니 오늘은 깻잎을 가져가라고 하신다. 그런데 엄마 목소리가 갑자기 겨우 들릴 만큼 나약하시다. 급히 가 보았더니 몸살로 심하게 편찮으시다. 외로운 엄마는 몸에 병이 나도록 구실을 만들어서 나를 부르는 것을 안다. 엄마가 가엾기만 한 게 아니다. 어떤 때는 짜증이 날 때도 있다.

　불현듯 엄마 걱정에 발길을 옮긴다. 출입문을 열어도 귀가 어두우신 엄마는 못 들으시고 귀에 전화기를 바짝 대고 소리를 지르신다. "얘, 자식도 소용없다. 큰딸이 보고 싶어서 그렇게 기다려도 뭣이 그리 바쁜지 핑계만 대고 잘 오지를 않아. 하루해가 지루해 죽겠어. 죽지도 않고 큰일이야." 친구분께 내 흉을 보는 엄마 옆에서 웃고 있다 보니 깜짝 놀라시는 귀여운 엄마!

 엄마가 없으면 나는 천하에 고아다.

2부

어젯밤

지난밤 물 위에 떠 있는 꿈을 꾸었다
꿈 밖을 나온 지 반나절이 지나도
물 위에 누운 내가 궁금하다
미라처럼 누워있는 나는 누구?

현실밖에 서성이는 낯선 시인이 되어
패터슨보다 더 패터슨 같은
"물 위에 쓴 시"가 되었나

포장마차

　며칠 전 생겼다는 그곳을 찾느라고 골목골목을 다녔다. 내가 찾는 포장마차가 여기 일 거라고 생각은 했지만, 선뜻 들어가지 않았다. 술친구가 마땅치 않아서라고 핑계를 댔다. 어느 날 또 그곳을 지나갔다. 그곳에서 먹을 수 있는 술과 안주가 궁금한 것은 아니었다. 내가 스무 살 때쯤에 알고 있던 포장마차 시인 생각이 나서 기억이라도 찾고 싶은 망상을 했던 것이다. 그분의 포장마차는 큰 빌딩이 되었을까? 그간의 망상은 다 버리고 손녀딸을 돌봐주는 친구와 포장마차를 가기로 했다. 포장마차가 그 친구네 집 바로 옆에 있기 때문이다. 손녀를 돌보고 퇴근하는 시간에 맞춰서 우리는 그곳에 갔다. 술은 폼으로 시켜놓고 홍합과 어묵만 실컷 먹었다. 주인이 7080쯤 돼 보이는데 젊은 남녀들만 쳐다본다
　"주인님, 여기 오는 단골 시인이 누구예요?"
　나는 말을 걸었다. 그제서야 우리를 돌아본다.
　"강준 아무개 그 시인들 술 잘 먹어요?"
　"그럼요 말술로 드시죠."

〈

 아기 보는 할머니들이 어묵이나 먹고 있으니 주인이 우리를 반길 리 없다. 스무 살 무렵 포장마차 시인을 알 때부터 술잔 구경만 하던 나는 중년이 된 지금도 술 마시는 기술을 못 익혔다. 포장마차 시인을 알 때부터 시인 언저리를 서성거리던 나는 아직도 시 창작반에 머물고 있다.

행복과 그늘

  지난여름에 딸 혜원이가 5개월 된 아기를 업고 내게 왔다. 공기 좋은 원주에서 지내다 가겠단다. 우리 집에는 꿈의 동산처럼 예쁜 아기집이 지어지고 하루하루 자라는 명지는 우리 집의 꽃이었다. 혜원이가 어느 날 하던 말이 생각난다.
  "지금까지는 안 그랬는데 엄마에게 의지하고 싶었던 것이 명지를 낳고부터였어요." 그 마음이 고마웠고 나는 최선을 다해 도움이 되고 싶었다. 그러나 손녀와 딸이 주는 행복이 전부는 아니었다.

  그때는 또한 스스로 생활을 할 수 없는 엄마가 나를 기다리고 계신다는 현실이 나를 무겁게 지배하고 있었다. 하루 일과가 그렇게 나누어지고 아기가 된 엄마를 달래주기도 하고 수다를 떨기도 해야 했다. 새 생명의 아기와 고령이 된 엄마 사이에서 우왕좌왕하다 잠자리에 들면 '이 상황도 곧 지나가겠지' 하는 마음으로 잠들곤 했다.
  〈

며칠 전 명지가 서울 자기들 집으로 돌아갔다. 냉장고 서랍을 여는 순간 이유식 하다 남은 음식 재료를 보고 눈물이 왈칵 쏟아졌다. 고령이 된 엄마와 손녀 사이에서 힘들어하는 나를 딸아이가 불편해하지는 않았을까? 공연히 허전하고 마음이 아팠다.

그리운 명지도 아기가 된 엄마도 잠시 내 곁에 있었던 것을!

귀농한 친구 이야기

앞산에서 부엉이가 웁니다
산밤나무 지천이던 옛 산
텃밭 비닐 거두다
어둑해지니
내 옆에서 부엉이가
나지막이 부엉거려요

어릴 적에 나는 부엉이를 엄청 무서워했지요
누군가가 나에게 말했어요
밤에 나가면 부엉이가
눈알을 빼먹는다고
그 담부터는 난 부엉이만 울면
가슴이 두근거렸지요

울 엄마 저녁 설거지 마치면
동네 마실 가시며 말씀하셨어요
"부엉이를 쫓고 올 테니 이불 덮고 자고 있으렴"
엄마가 부엉이를 쫓으러 갔어도

부엉이는 웁니다
무서워서 이불을 푹 쓰고 잠들었지요

산밤나무 고목에서 아직도 부엉이는 울고
엄마만 보고 싶어요

*친구의 원작 글을 패러디함

늦여름 오후

오후 5시 50분
한참 시선이 머문다
쉼 없이 삭제되는 시간
초침의 분주한 움직임
문장이 되지 못한 시간들이 빠져나가는 소리

길가에서 채인 돌부리에
문득 깨어난 인연처럼
미처 가지 못한 것들과 미리 온 것들의 겹침으로
삭제되지 못한 간절기

생이 진지해지다 말고 조각난 구름 사이로
검은 구름이 지상으로 내려온다
마음껏 휘어지며 내려 보는 비
자신만의 화음으로 어둠을 덮는다
어제 같은 오늘
달도 별도 뜨지 않았다

여백

백지에 한 자도 쓰지 못한 채
반년이 갔다

헨리 밀러가 십 년을 읽기만 했다는데
아무도 쓰지 않은 글을 쓰기 위함이었다는데

삼복더위에
웬 시원한 바람이 창으로 들어
고개를 돌려보니
아파트 지붕 사이로
산봉우리 끝에
눈같이 흰 구름이 피었다
무계획에 끼어든
사이의 작은 풍경

반년의 백지에
모자란 대로 그려 보겠네

밝은 아침

곡선을 이룬 길에 만들어진 장미 마을
꽃잎이 작은 것부터 큰 것까지
색깔도 다양한 장미들의 풍요로움에
잠시 설렌다

꽃밭 가운데에
장미꽃 화관을 쓴 신부가
꽃보다 아름다운 모습으로 서 있다

하늘이 구름 한 점 없이 청량한 빛으로 긴장한다
뭔가를 시작하려는 듯

모양을 바꾸며 분주하게 또는 여여하게
떠 있는 구름이 좋다
언제나 중립에 있는 구름들이
하늘 뒷켠에서
긴 휴식에 들었나 보다
〈

난 근원도 끝도 없는 이 길을
지나고 있다

세상이 넓은 날이다

명지

명지는 일학년이다. 방학인데도 집에 없다. 학원에서 온종일 있다. 어둠이 온 동네 깔릴 때면 차에서 내린다. 독서록을 쓰고 피아노를 치고 수영을 잘한다. 수학이 제일 재미있다는 명지. 차에서 내린 명지에겐 피아노 갈 시간이 남았다.

"오늘은 피아노 치기 싫어요."

명지에게 20분만 치고 있으면 데리러 오겠다고 약속을 하고 돌아서는데

"한 시간만 칠래요."

독서록을 쓸 줄 아는 명지는 이십보다 일이 작다는 것만 안다.

명지는 신비롭다.

내 공간

지난여름엔 공일오비가 부른 '슬픈 인연'과 김광석의 '너무 아픈 사랑은 사랑이 아니었음을' 음반을 잃어버려서 다시 샀다. 나는 운전을 할 때는 CD를 꽂고 볼륨을 크게 하고 노래를 부른다.

운전하며 먼 길을 갈 때면 차분하게 시벨리우스의 '슬픈 왈츠'를 듣는다. 어머니의 간병에 지친 아이들이 잠이 들고 슬며시 찾아온 악마는 어머니와 왈츠를 춘다. 아침이 되어 아이들이 일어나니 엄마는 죽어 있었다. 나는 그 내용을 버리고 순수하게 음악만 듣는다. 정적인 깊이, 강렬하고 동적인 힘, 우울함, 긴장의 변주, 짙은 슬픔 등이 느껴지지만 왠지 마음은 정돈된다.

가을이 짙어가는 쓸쓸함이 있고, 음악이 흐르고, 일상이 즐거울 수 있는 나를 찾아가는 일이 모두가 내가 사는 공간이다.

갈등

  한 그릇 안에 다육이 열 포기를 심었다. 아침마다 안부를 묻듯 그들과 만나 마음이 환해졌다. 어느 날 잎이 작고 가냘픈 풀이 다육이 옆에 생기기 시작했다. 그들은 순식간에 번식하더니 다육이를 온통 덮어버렸다. 그런데 잡풀이라고 여기기엔 너무 귀엽게 노란 꽃을 화분 가득 피웠다. 나는 한동안 그 자잘한 꽃들을 들여다보았고 다육이들이 보이지 않았다.
  문득 '주인과 객이 바뀌었나?' 하는 생각이 들기 시작했다. 주도권을 잃은 듯한 다육이에게 문득 미안한 마음이 들기 시작했다. 자생하며 자라난 자잘한 꽃들에게 한동안 사랑을 느꼈던 마음을 거두어야 하는 결단을 내렸다. 그래도 아쉬워서 하루를 더 있다 뽑아내기로 했다. 나는 선택이라는 갈등을 겪으며 몇 날을 보냈다. 잡풀이라고 중얼거리며 뽑아내기 시작했는데 그들은 서로 단단하게 줄기가 얽혀 있었다. 풀 속에 몸을 숨기고 있던 다육이들이 이제 다시 청록색 빛을 낸다.
  〈

뒷전 인생이 편하다고 중얼거리며 나이 드는 나와 같을 뻔한 다육이들과 이제 4월의 빛을 모아 보았다. 맑고 파란 하늘과 봄비가 가끔은 창문에서 오래 흘러내릴 때 곳곳에서 피어나는 꽃들과 마른 가지들도 분주해지는 날 밖으로 나가 볼 일이다. 덩달아 초침을 흔들며 재촉하는 시간 속을 많이 걸어 보는 것이다.

첫눈

오늘은 엄마를 모시고 보건소에 갔다. 폐렴 예방접종이 있는 날이다. 새벽부터 줄을 서는 어른들을 아는 나는 진료 시간 30분 전에 갔다. 그런데도 기다리는 어른들이 100여 명 있었다. 긴 줄 뒤에 서 있는데 친구의 메시지가 왔다. 첫눈 내리는 풍경이 담긴 사진과 '남은 우리의 인생을 위하여'라는 글이 담긴 동영상이었다. 영상에 담긴 내용은 이랬다.

1954년생 남자가 20년 전에 사별한 아내가 했던 말을 한다.
'슬퍼하지 말고, 당신은 애들하고 잘 살 준비를 하고, 나는 죽을 준비를 잘하자.'
자신의 삶을 작사 작곡해서 통기타를 치며 노래를 부른다. 슬픈 내용으로 인해 이곳저곳에서 관객들이 눈물을 흘리는 광경이 비춰진다. 그는 남은 삶에서 하고 싶은 것을 꼭 하려고 정년을 2년 남기고 퇴직했다.

초겨울 같은 날 남은 낙엽을 보다 눈물이 났다.

동공

새벽이면
창문의 작은 무늬 속으로 어둠을 본다
멀리서 별 같은 빛들이 다가온다
하늘 한켠이 내려앉은 듯
한참을 보다 보면
저들과 나 사이에 경계가 깨진다

경전을 읽는다
잡념과 씨름하다
기도를 마쳤다고
경전을 덮는다

어둠이 사라지고 빛들도 사라지고
나의 눈은
천 개의 눈이 된다

대화

도윤이가 말한다.
"저 박서은이하고 결혼할 거예요."
명지가 깜짝 놀라며 묻는다.
"도윤아! 너 사랑하는 거네? 사랑하면 얼굴이 빨개진다는데 너 얼굴 빨개졌니?"
고개를 갸웃하던 도윤이가 말한다.
"모르겠는데."
하더니 명지 누나를 쳐다본다. 명지가 내게 묻는다.
"할머니 친척끼리 결혼하면 안 되지요?"
"그럼 안 되지."
"아휴! 다행이다. 지환이 오빠가 나보고 결혼하자는데 난 그런 개구쟁이가 싫거든요."
도윤이가 내게 묻는다.
"할머니는 누구하고 결혼했어요?"
"할아버지하고 결혼했지."
"난 할머니하고 결혼하고 싶었는데 아쉽다!"

명지는 여덟 살

도윤이는 여섯 살
명지의 차분하고 호기심 많고 반짝이는 눈
도윤이의 깜박이는 까만 눈

*명지, 도윤이는 작가의 손녀, 손자입니다.

도윤이

　도윤이가 아파서 어린이집에 못 갔다. 도윤이는 몸이 괴로워서 많이 울었다. 소아과 의사가 감기라고 했다. 힘들어하던 도윤이가 이가 아프다고 했다. 치과에 갔더니 영구치가 나는 것이라고 했다. 여섯 살밖에 안 되었는데 누나보다 더 빨리 영구치가 나느냐고 물었더니 의사의 말이 그럴 수도 있다고 했다.

　도윤이는 너무 아파하며 많이 울었다. 난 아무래도 다른 소아과를 가봐야 될 것 같아 딸한테 알렸다. 딸은 직장에서 잠시 시간을 내서 도윤이를 다른 소아과에 데리고 갔다. 의사가 중이염이 심하다는 진단을 내렸다. 도윤이는 약을 먹고 안정을 찾았다. 의사의 오진으로 고통스러워했던 도윤이를 생각하면 너무 마음이 아팠다.

　도윤이를 유모차에 태우고 산책하러 나갔다. 꽃가게를 지나는데 도윤이가 꽃을 갖고 싶다고 했다. 아기 손만 한 노랑 빨강 초록색 화분이 귀여워서 조그만 화분의 다육이를 샀다. 주인아주머니가 예쁜 가방에 다육이를 담아줬다. 도윤이는 화분을 책상 위에 올려놓고 문을 닫으려다 얼른 다시 문을 열어 놓는다. 내가 문을 닫으려니까 놀라서 달려온다. 문을 닫으면 다육이들이 숨을 못 쉬면 어떻게 하느냐고 걱정한다. 잠들기 전까지 화분을 들고 다니면서 숨을 못 쉴까 봐 걱정하는 도윤이. 도윤이가 잠들고 예쁜 화분 세 개가 나란히 도윤이를 지켜보고 있다.

어느 겨울날

사위 보는 친구를 축하하기 위해서 서울을 가야 한다. 전날부터 마음이 번잡하다. 친구 누가 올까, 어떤 옷차림을 하고 올까, 나는 거울 속 나를 본다. 이 옷 저 옷 입어 보며 패션쇼를 한다. 딸이 사준 명품 백도 들어보고 반지 목걸이 팔지 시계 다 걸쳐본다. 난 단아한 모습으로 가야겠다고 결론을 내리고 액세서리는 걸치지 않기로 했다. 추위를 못 이기는 나는 털옷에 통통한 바지를 입고 길을 나섰다. 친구들 만날 기대에 마음이 부풀기도 했다. 예식장에 들어서니 멋을 많이 부리고 온 친구들이 모여들었다. 친구 중 처음으로 자식 혼사를 치르는 날이라 공연히 설레기도 했다. 친구들은 사위와 딸의 아름다움을 칭찬했다.

모든 식이 끝났다. 예상했던 대로 중곡동 친구네 집에서 하룻밤 자기로 하고 그리로 갔다. 남편을 골방으로 몰아내고 매일 만나는 사람들처럼 수다를 떨기 시작했다. 옆에 누운 친구는 부모님이 주신 유산으로 부자가 된 친구다. 밤의 반이 가도록 그 친구 이야기를 듣다가 우울증으로 힘들어하는 이야기에 놀라기도 했다. 우린 떠들다 어느새 잠들었다.

날이 새자마자 난 손녀딸을 보기 위해 친구들 몰래 일어나 나왔다. 전철에서 빠져나와 거울 속 나를 보고 어이가 없었다. 어제 패션쇼를 하던 모습은 어디 가고 세수도 하지 않은 채 전철에서 졸던 나는 누구인가.

그곳에 가면 누가 있나요

용문면 조현리 484-2

검색창엔 삼각 지붕으로 된 예쁜 집이 뜹니다. 아버지 혈육인 고모가 이곳에 계십니다. 어느 날 문득 아버지가 보고 싶고 덩달아 고모가 보고 싶어졌습니다. 몇 날을 고모 생각이 마음에서 떠나지 않아 길을 나섰습니다. 구십 노인이신 고모는 한 발짝을 떼는데도 워커에 의지하고 계셨습니다. 좀 더 건강하신 고모부가 식사를 맡아 하신다네요.

나는 사느라고 못 찾아뵈었다고 그 흔한 핑계를 댔습니다. 너무 많이 야위신 고모는 내 손을 꼭 잡으며 눈물을 흘리시고 나도 눈물이 났습니다. 고모는 내 나이 세 살 때 시집을 가셨답니다.
"네 생일이 동짓달 초나흘이다."
문득 고모가 말씀하셨습니다.
"네 생일만 되면 잊지 않고 말한단다."
고모부가 말씀하셨습니다.

〈

 발 길이 떨어지지 않는 인사를 나누려는데 풀기 없이 야윈 손으로 내 손을 꼭 잡아 당신 얼굴에 묻고 고모는 눈물을 흘리십니다. 내 나름대로 올망졸망 마련해간 음식을 차려드리고 돌아오는 내내 우울했습니다.

 젊은 시절 서울에서 건물을 지어서 매매하시던 씩씩한 고모가 떠오릅니다.

말없이 듣기만 했다

　치매 환자인 엄마를 모시고 사는 친구가 있다. 엄마는 오늘은 불교 방송을 보시더니 TV 앞에서 절을 하신단다. 어느 날은 딸을 보고 고모라고 하고 날마다 보따리를 싸고 계신단다. 친구는 울다 웃다 이야기를 늘어놓는다.
　"돌아가시면 가엾어서 어떻게 하니." "왜 못 돌아가시는지" 안절부절못하는 모습.

　치매는 기억하고 싶은 것만 기억하는 걸까
　망각과 기억은 대등한 일일까

　부모님을 모시고 사는 내게 뭔가 답을 얻으려는 듯 이런저런 상황을 물어오는 그녀다. 난 아무 답도 하지 못한다.
　"그렇구나" 이 말뿐.
　내가 힘들 때 어떤 말도 위로가 되지 않았기 때문이다.

　후회하는 것이다
　아파야 하는 것인걸
　그것이 사는 일인 것을

잡념

읽히지 않는 책을 잡고 있다
한쪽 어깨에 닿는 서늘한 기온에
고개를 돌려 창밖을 본다

낮게 보이는 하늘 아래 아파트 지붕이
불쑥불쑥 솟아있다
마치 하늘 귀퉁이마다 흠집을 내듯
오롯이 하늘과 구름과 바람만
카메라에 담으려고
이리저리 각을 잡아본다
제거할 수 없는 벽들

풍경은 늘 겹쳐있고
낮달도 어둑해질 때
완성된 빛을 발하는 것
바람도 불지 않고 스며드는 것이라고
그러나 흔들려야 했기에
단풍은 색색이 물들 수 있었던 것이라고

장마가 시작된다는 날

업둥이를
지극한 정성으로 키워준 양부모에게
매 맞아 본 적 없어 되려 외로워진
어느 소년 이야기에
눈물이 나더니
내 앞에 간 인연들이 차례로 지나가고

나와 남이 분별 되지 않던
잠시의 시간들이
과거로 뒷걸음치는데

아직 준비를 마치지 못한 장마
하늘만 무겁다

비 온 뒤

흰 구름 위에 검은 구름이 무겁다
물웅덩이는
아직 높은 하늘을 담고 있고
바람도 숲에서 고요해지니
물기 남은 길 위에
귀퉁이 상한 단풍이
떨어지지 않을 것처럼
땅 위에 달라붙어 있다
다시 비가 올 듯 말 듯
검은 구름 곳곳에 떠 있다
하늘은
대낮에도 구름 사이에
조각달 띄우고
이들의 배경이 된다

3부

성묘

평생 술을 드실 줄 모르던 엄마
과일과 포만 들고 간다
더운 바람 거스르며 가는 길에
하얀 들꽃이 가득하다
흰 구름과 낮달이 앞서간다
생전에 읽으시던
다라니경
반야심경
법성계
아미타경
읽어드리는 내 작은 목소리
크게 들으실 엄마

눈물이 난다
몇 생이 빠져나간 듯
허허롭다

엄마가 보고 싶다

친구 엄마

키위 반쪽을 까서 으깹니다. 조그만 수저로 엄마 입에 넣어줍니다. "맛있어!" 엄마는 아직 미각은 살아 있는 것 같아 다행입니다. 과일과 야채를 날마다 갈아서 죽을 쑤며 내 아이들 아기였을 때 이유식 하던 생각을 하곤 합니다. 어느 날 불교 방송에서 염불 소리가 나면 얼른 일어나서 TV에다 절을 합니다. 부처님인 줄 아시나 봅니다.

주말이 되면 동생들이 모여 옵니다. 엄마의 얼굴은 미소가 떠나지를 않습니다. 자식들은 알아보시는 겁니다. 우리 집은 주말이면 잔칫집입니다. 엄마가 낳아놓은 우리 집은 물결처럼 사방으로 퍼져 살고 있습니다. 엄마를 보기 위해 모두 다 일정을 정했나 봅니다. 우리들은 엄마의 품속으로 모여들고 엄마는 가시기 전에 우리들의 우애를 두텁게 하려고 애쓰시는 것 같습니다. 엄마는 아기가 되도록 풀잎처럼 연약한 몸으로 생을 뒷걸음치고 있는 것입니다.

엄마는 구십육 세입니다.

주말 일기 1

토요일 아침이면 만나는 운동 식구들
몹시 시끄러운 유흥가 주변에서 식사를 한다
우리들은 시끄러운 소리도 사람 사는 소리라고 하며
이곳으로 식당을 정했다

오늘은 자리가 없을 만큼 손님이 많다

허공에 대고 고래고래 소리치며 힘을 과시하는 남자
카리스마 넘치는 주방 아줌마는 남자를 제압한다
때로는 경찰이 오면
술 취한 자들의 비틀거리는 언어가 조용해지는 곳

술 취한 젊은이들이
높은 소리로 횡설수설하는 말들이
이 아침의 활력이다

주말 일기 2

　탁구 회원들과 토요 해장국을 먹는 날
　코로나 19로 인해 탁구 치는 것을 멈추고 친목회가 되었다
　이제 기다려지는 토요일이 되었다고들 하며 대화가 풍요로워지는 날

　식사를 마치고 커피믹스 한 잔씩 들고
　장미공원으로 나왔다

　한 가지에서 마르고 있는 꽃잎
　막 피어나려는 어린 꽃봉오리
　인연 따라 피고 지는 생명들의 뒷모습
　아직 환하게 피어있는 꽃 한 송이
　카메라에 담는다

　바람도 생명인지라
　하늘을 높이 밀어 올리고
　환한 허공에 가을 새 한 마리

점 하나를 남기고 날아갔다

초가을 하늘이 차고 깊다

불면

잠을 밀어내는 것
낮에 내 손끝에서 오래 머물다 완성된
오이소박이가 숙성되는 걸까
어둠의 무늬
솟았다 숨었다를 반복하는 달빛 창으로 들고
꽃들의 왈츠
화려하게 떠난 자리 봄조차 묻어갔다

좀 전 사라진 시간들이
먼 과거처럼 여겨지는 것은
우주를 통째로 끌고 간
꽃들의 부재

텅 빈 세상

나는 커튼을 길게 내리고
깊을수록 까만 밤의 무게
자유를 꿈꾸네

아무도 건널 수 없는 나의 꿈들이
하얗게 빛바랠 때까지
깊은 잠 속에 스며들고 싶다

내게 있었던 일

목요일이었다
카페에서 시를 읽는 날이다
시 속에 머물다 일상으로 돌아가는 중
내 차 위에 고양이 발자국이 찍혀 있는 것이다
"고양이 발자국 좀 봐 너무 귀여워"
하며 고양이 발자국을 세던 아우의 모습

내 집 앞 주차장에 차를 세우려는데
고양이 한 마리가 차 밑으로 숨는다
고양이 발을 보려고 기다렸다
쪼그리고 앉아 날카로운 눈빛으로
나를 쏘아보다 달아나는 고양이

외출하려던 날 시동을 켜려다 차 위를 보았다
지난밤 빗물에 고양이 발자국이 씻겨 나갔다
고양이 발자국을 지우지 않았던 나
비에 씻긴 고양이 발자국이
내가 행한 행위가 아닌 것에 대해
조금은 안심되었던 순간이었다

소나기

비 온 뒤
음식물 쓰레기를 버리고 돌아서는데
소나기가 다시 쏟아진다
문득 스쳐 간 생각
아무도 없는 까만 밤길
맘 놓고 걸어보는 거야

천천히 걸어온 50미터
머리에서 줄줄 흐르는 빗물에
온몸이 젖는 동안
천둥 번개 번쩍이며
내 얼굴 지나 사라졌지

아무 일도 없었다는 듯
세찬 빗줄기 한참을 보고 있었지

시 한 줄

 화원에 갔다. 시장처럼 꽃들이 참으로 많다. 한참을 둘러보다 자잘한 화분을 여러 개 샀다. 꽃 이름을 차례차례 검색해서 메모했다. 거실 테이블에 조화롭게 올려놓고 나는 날마다 흐뭇한 미소를 보낸다. 이들의 이름을 기억하기 위해 꽃 이름을 날마다 불러본다.

 산수국 안개초 붉은 다육이 배롱나무 제라늄 반데 빌라 아잘레아

 산수국의 분홍 꽃잎이 너무 아름답다. 안개초의 가냘픈 꽃잎이 순식간에 떨어져 아쉬웠다. 그들은 내가 알아볼 수 없을 만큼만 자라나 보다. 어느 날 아침 산수국의 분홍 꽃잎 두 송이가 고개를 떨구고 시들어 있는 것이다. 나는 조심히 다가가서 꽃잎을 건드려 보았는데 힘없이 내 손바닥으로 툭 떨어지는 것이다. 한참을 들여다보다 꽃가지에 잘 펴서 올려놓고 돌아선다.
 〈

나이 듦에 대하여 시들어 간 꽃잎에 대하여 어떤 생각도 덧붙이지 않겠다고, 베란다 창 사이로 드나들던 소소한 바람 여전히 산수국 사이를 드나들고 있다고, 시든 꽃잎에게 시 한 줄로 답해야겠다.

어떤 추락 1

시청 앞 산책로를 걷다 보면
관상용으로 심은 과일나무들이 무리 지어 있다
부실한 모양으로 떨어져 있는 사과 배 복숭아 감
아주 많이 떨어져 있는 풍경이
왠지 치열함이 없는 세상 같아
그들 사이를 천천히 걸어본다

나무들이 자신이 잉태했던 열매들을
밀어내는 이치를 난 잘 모르지만
중력에 저항해 본 적도 없이 땅 위에 누웠을 열매들

멀어지는 것들과 다가오는 것들이
무심히 지나고

까치 한 마리 높이 날다
고목 아래로 날아 앉는다
〈

신호등 떨어지고 멈춘 시간이 움직인다
느리게 걷고 싶다

*임애월 시인의 시 제목 빌림

가을 새

아침이면 맑은 목소리를 듣습니다
자신의 몸짓을 목소리에 담는 모양입니다
그가 날아간 자리엔
알 수 없는 상형문자가
실루엣이 됩니다
더러는 떨구고 갔을 잎들을
동화처럼 읽다가
기억의 끝으로 갑니다
그곳과 이곳의 간격엔
멋진 무언가가 있을 것 같아
손편지를 쓰고 싶어집니다
기다리지 않아도 되는

아마 가을이기 때문인가 봅니다

어떤 망각

등 뒤에 넓은 창을 두고
온종일 글을 쓰고 있다
앞으로 가는 펜
뒤로 가는 글자는 잊기로 했다
대상 없는 말들이
고요처럼 사라지는 장면들

천천히 등 햇살이 식어가면
넓은 창이 동공처럼 모이고
마주치는 붉은 해가 기울며 퍼지다
선명해지고
아주 조금씩
산 위에 선을 긋고
어디론가 떨어진다

피날레(finale)

나무 아래 차를 세웠다
차 위에 낙엽이 가득 덮여있었다
바구니에 단풍을 담던 나
차 위에 쌓인 잎들은
난처한 일이 되었다

지금 나는
잎들을 쓸어내리고 있다
앞 유리에 남겨둔 잎들은
나의 허한 심사

바람을 거슬러 달렸다

단풍들은 힘차게
한 잎 한 잎
허공으로 날아갔다

나무들은 헐렁해지고
들판은 휜하다

어느새

잎 사이로 반쯤 내민 노란 감이
녹색의 반쪽을 잎 속에 숨기고
서둘러 떨어진 감들을 내려다본다

아득하게 키가 큰 황금 송이 솔방울 하나를 떨군다
내 앞에 뚝 떨어져 멈칫했다
예사롭지 않은 일이라도 되는 듯
소나무를 한참 올려다본다
솔잎 사이로 조각난 구름들을 본다

이들 풍경과
오래 앉아있었다

쓸쓸한 일

사방에 낙엽이 쌓였다
아무렇게나 쌓인 잎들
잎들은
구르기도 하고 날기도 하며 부서진다

지난날
부서지게 치열했던 그 무엇이 있었던가

벤치에 앉아 낙엽에 발을 묻다
너무나 가벼운 무게에 울컥해진다

생이 다 해가는
엄마의 야윈 몸이
풀잎 같다고
나는 아파했었다

다시 와 본 나무 아래
어제 같은 낙엽들은

밤새 쌓인 이야기를 담고 있는 듯
몰래 온 바람 따라 몇 잎 날아간다

멍하니
날아간 잎들을 생각한다

국화 축제

너의 시작은 연약했어
네게 물 들어가던 날
아득한 전생을 보았었지
너의 뿌리에 물을 줄 때마다
기쁨의 마디가 굵어지고
이생에 부재한 것들 사이로
환하게 피어나던 나날들
세상 속에 완성된 그림이 되었지

이제
낯설지 않은 인연들을 만나
내 생이 아주 화려했다고
흩날려 보는 거야

구월

지구를 한 바퀴 돌아온
하이신 태풍
그가 지나간 자리
숲이 쉼 없이 젖는다
비와 바람
양철 지붕 세차게 때리니
한 컷 프레임 안에 들어선
푸르른 풍경이 깨지고
산중 암자엔
시간을 다독이는 목탁 소리만
숲속으로 스며드는 날
조심히 문을 닫는다

어느 오후

낙엽을 바구니에 담는다
담다 보니 생기는 욕심에
자꾸 눌러 담는다

벤치에 앉아
하늘과 단풍들을 번갈아 본다
간간이 잎들은 쌓인 낙엽 위로 떨어진다

욕심을 덜어내듯
바구니 안의 단풍을 다시 나무 밑에 쏟아 놓는다

아무 일도 없는 듯 하늘은 파랗고
물든 시간들이
가을 길을 내는데
서녘으로 몰려온 붉은 빛들로
솟아오른 산들이 어둑해지니
별들도 속속 일어나 빛을 낸다
〈

오늘 하루
바람 같은 점멸이 지나는 동안 보았지요
보랏빛 국화도 한몫 가을 안에서
빛이 되는 것을

내 생일

친정엄마가 말씀하셨다
"열 살까지 생일날 수수 팥떡과 백설기를 해줘야 아이들이 무탈하게 잘 자란단다"
난 엄마의 말씀을 기억하며 내 손녀 손자 생일을 잊지 않고 수수 팥떡과 백설기를 열 살까지 해주기 위해 실천하고 있는 중이다
이제 자식들이 어른이 되고 손녀 손자가 생기고 가족 방이 생겼다 요즘은 손자 손녀 자라는 모습이 담긴 동영상이 가족 방에 가득 올라온다

내 아이들이 아기였을 때 내 생일을 잊고 지나가기도 했지. 아이들이 자라서 엄마 생일을 떠올리며 케이크를 자를 꿈을 꾸던 아이들, 남편이 내 생일을 기억 못 할까 봐 달력에다 표시해 놓고 생일이 가까워지면 달력을 보게 하던 시절도 있었지

지금의 나는 나이 들어 배짱만 커져서 생일 한 주

전부터 가족 방에 내 생일을 발표하도록 남편한테
권한다

   일요일이 내 생일이다
   케이크 위에 초는 굵은 것 한 개만 꽂아야겠다
   세월만큼 쌓인 나이
   케이크 위에 가득해질 초는 유쾌한 일만이 아닌 듯
   굵은 초 하나에 숫자를 묻어야겠다

올겨울

밤새 내린 눈이 아름답다
무겁던 겹옷을 벗고
오롯이 기둥이 된 나무들
언 바람 거스르며
겨울새 곁가지에 앉힐 때마다
하늘과 땅 사이를 잰다
그들만의 성장기일 것이다

사람들은 두꺼운 외투에 눈을 털고
마스크를 낀 행렬들이 치열한 듯
단단해지는 삶
희망 같은 마스크 패션에
언 땅이 뜨겁다

오후의 겨울 햇살이
창 안으로 들어
에어컨 앞 군자란이
숨 고르기를 하며

청록색으로 빛난다

살아낸다는 건
아마 많은 빛을
모아 보는 일일 것이다

십이월

첫눈이 왔다
미끄러운 길에 대해 걱정이 앞서는데
반가운 손님이라도 만난 듯
공연히 설레던 날이 스쳐 간다

오후가 되니 눈이 없어졌다

아직 길 위엔 낙엽이 구른다
차가운 하늘빛이
낙엽 위에 내린다

가을과 겨울 사이의 밤은 길다
경계를 지운 눈이
급히 왔다 멈칫 물러선 듯 사라진 일을
잠시 생각한다

분주히 오가는 군중 속에 스며들 캐럴과
마무리에 대한 강박과 긴장으로

놓치는 시간들

난 기억될 지난 시간에 대해 침묵하며
날 선 추위와 언 바람에도
넉넉한 마음이 되어
겨울 깊숙이 스며들고 싶다

4부

손바닥 소설

휴대 전화에 편지 모양이 반짝이며 메시지가 떴다. 강화도 낙가산 보문사 사진이다. 종친회에 왔다가 절에 다니는 연식이가 생각나서 사진 보냈다고 한다.

"고마워. 건강은?"

"괜찮아."

"이제 종친회 회장 할 나이가 되었나?"

"아니야. 아직 어르신네들이 얼마나 많은데. 내가 제일 쫄짜야!"

"그렇구나! 쫄짜 소리가 듣기가 좋으네."

그는 내 유년 시절부터 끊긴 듯 이어진 듯 간간이 이어 온 관계이다.

"뭐 하고 있어?"

"책 읽고 있었어."

"무슨 책?"

"조그만 에세이."

"핑크의 라캉의 주체"라고 할 수는 없어서 얼른 대답한다.

"보고 싶다."

"그래, 언제 편안한 날 식사라도 하지 뭐."
"그러지 뭐."
"또 다른 생이 주어진다면 어떤 인연이든 또 만났으면 좋겠다."

마지막 메시지를 남기고 휴대 전화가 까맣게 닫혔다. 내 유년에서 멈추어 버린 채 성장하지 않은 그곳에 있는 그는 완전한 친구도 애인도 아니다. 친구라는 명목으로 남아 있는 것에 인연이라는 말을 붙이게 됨이 적절하다. 고등학교 시절 세계 문학을 죽죽 읽어 내리던 그는 가끔 문학 사상 귀퉁이에 글도 실었던 사람이다.

잠시 휑하니 주위가 빈다. 밖에는 우산 쓴 사람들이 걸어가고 차들은 고이지 않은 물을 세게 가르며 멈추기도 하고 질주하기도 한다. 어느 포장된 공간에서 빠져나온 느낌이 든다. 다시 그곳으로 가고 싶은 유혹이 잠시 조이다가 멈춘다. 어젯밤에 반쯤 야윈 달이 엉거주춤 내 뜰에 와 걸리더니 걸어둔 채 잤다. 새벽녘부터 이미 자취를 찾을 길이 없이 사라진 달. 봄비 뒷길에서 낙가산 보문사를 통째로 보냈다. 까맣게 닫힌 휴대폰에 그곳이 그대로 저장되어 있다는 사실이 힘이 되었던 그 날은 봄비가 오고 있었고 내게 시를 쓰게 하고 싶었던 날이다.

"여보, 나 왔소."
우비에 우산까지 쓰고 걷기 대회에 갔던 남편이 씩씩하게 들어온다.
"나 밥 줘, 배고파."
"네."
급히 주방으로 달려가 가스레인지 불을 켜는 여자. 그녀는 한 남자의 아내였던 것을.

덕담

어제와 오늘이 별반 다르지 않다
12월 31일과 1월 1일 사이
사람들은 떠들썩한 인사를 나눈다

나는 듣는다
세상 속 떠도는 인사말과 화려한 영상들

아직 달력도 바꾸지 못한 채
벽에 걸린 달력은 노쇠해 가는 걸까

문득 어떤 대열에서 이탈된 사람처럼
우두커니 눈길을 내다보다
어제 읽던 책장을 넘긴다
집중되지 않아
나라님 신년사를 건성으로 듣다
커피를 마신다

태연한 척 초조한 나를 본다

〈
가족 방에다
모두 건강하고 최선을 다해 살아보자고
복주머니 하나 올려놓는다

달력을 새것으로 건다
한해가 통째로 사라졌다

오늘은

이사하는 날이다
내 공간이 공개되는 불편한 일 앞에 있는 듯
나는 짐 사이에서 서성이는데
온 근육을 동원해서 일을 할 뿐
누구의 삶을 엿볼 여력이 없는 인력 아저씨들
주인은 나가란다

무거운 짐들이 사다리차를 오르락내리락하는 동안
잊혀질 시간들이 보따리 안에서 가쁜 호흡을 한다
쌌다 풀었다를 반복하며
쌓인 시간과 버려진 시간 사이로 낯선 길이 생겨나고
그 길을 삶의 이정표 삼아 오래 걸을 것이다

새집
이곳의 구름도 숲도
아이들 놀이터의 활력 넘치는 소리도
더딘 내 시 속에서 새 생명으로 깨어나길

구정 지나

크고 작은 눈송이가 섞여서 내린다
지붕들이 둥글어진다
먼 산 능선이 높아진다
눈 내린 산속 암자엔
어느 선사가
선정에 들었나보다

세상이 백지가 되었으니
하얀 길 위에 차들이 지나면서
깊은 자국을 남긴다
둥글 대는 바람들이
차 뒤를 쫓다 뒷걸음친다

창 안에 나는
머언 산에 마음을 두고
기다림을 접듯
오래 눈 속을 보고 있다

흐린 날

겨우내 떠나지 못하던 방을 나왔다
낯선 길을 만난 듯
두리번거리며 걷는다

겨울을 견뎌낸 호수는
앙상한 나무와 회색 하늘을
뿌리내리고 있다

무거운 눈 받아낸 나무에 기대본다
견딘다는 것은 살아내는 일이다

기억과 망각을 나란히
이 회색 나무에 걸어두면
급한 숨 몰아쉬며 가지마다 새움을
틔우겠지

바람도 힘겨운 듯 가라앉고
석양도 회색이다

삼월

연못가를 걷다 보니
갈대가 모두 몸을 눕혔다
어둡고 투박한 그들의 무늬는 물빛을 덮어버렸다
청둥오리 몇 마리가
솟은 바위 위에서 버티듯 서성인다
물빛과 푸른 잎이 영 보일 것 같지 않던 날

이 길을 얼마나 다녀가야
여러 생명들이 깨어날까

겨울을 지나온 연못의 깊이와
시들다 말라버린 갈대의 이력을 묻지 않겠다고
기억을 되돌려 이 길을 나서는데

회색 하늘에서
안개비가 내린다

산길에서

자작나무 숲을 바라보다
그들 사이를 걷는다
진달래 무리 지어 피어있다
새들의 목소리 숲을 채우니
새 생명들이 긴장을 푼다
바위에 기대어 한참을 침묵하다
이들과 풍경이 되어 본다

하얀 나무를 잡아본다
내 손도 하얗다
이 마을에 온 낯선 나를 거부하지 않는 이들
몇 번이고 뒤돌아보니
따라나서던 새소리 바람 소리
뚝 끊어지고

봄이 지천이다

어떤 날

서울에 왔다
옷깃이 닿을 만큼 많은 사람 속을 지나간다
몇 개의 커피집을 지나 제과점 앞에 섰다
테이블에 앉아 차와 빵을 먹는 사람들
몇 발짝 지나다 되돌아와 빵집으로 들어왔다
아메리카노와 치즈케이크를 놓고 밖을 본다
피어오르는 커피 향과 달콤한 케이크는
오늘의 사랑과 자비

한가로운 자세로
끊어지지 않는 행인들의 발걸음을 보는 동안
그들의 발자국을 따라
지구가 돈다는 생각

모든 생은
출발과 도착이다

봄날 오후 나무숲에서

선택한 적 없는 곳에 뿌리를 내리고 섰다

그들이
지구의 순환에 순응하며 수액을 올리면
혹한의 단단함이 넉넉함으로 잎들이 피어날 때
그들의 뜨거운 삶은
산을 흔들고
나는 잎 속에 손을 얹어본다

나는 듣는다
세상을 향해
당당하게 밀어내는 잎들을 위해
지상의 중력을 견디기 위해
어둠 속에서 무한히 깊어가는
뿌리의 소리를

쉬어가다

습관처럼 시간을 볼 때면 허한 마음이 들 때인가 보다
생각과 몸이 분리되어 어디쯤 있는지
세던 발자국 숫자도 까맣게 잊을 때 허공을 본다
허공엔
우뚝우뚝 솟은 것들이 가득하다

문득
시가 있을까 하여 두리번거리는데
내 안에 찬 바람 들어와
읽을 새 없이 지나가는 화면의 자막처럼
잡히지 않아 헛것만 보다
손목에 찬 시계를 본다
이곳에 올 때 보았던
시침과 초침이 그대로 인 것 같아
귀에 대고 들어보니
시계가 멈춰 있었다

멈춘 시간 속을
느리게 걸었던 나

빈 그네

굵은 허리의 나무들이
무겁도록 잎들을 매달고 있다
나무 아래 부처처럼 앉아있는 노인
간간이 흔들리는 잎들의 유희

그네는 바람을 털고 햇빛을 털고
기다림으로 비운 자리
잎들 사이 낮달이 가는 휑한 놀이터
그는 무엇을 보고 있는 걸까

그의 시선으로 기운 그림자
길게 누우니
아이들이 몰려와
그네를 낚아챈다
그네는 훨훨 허공을 난다

한참을 아이들을 따라가던 눈길 멈추고
노인은 자리를 뜬다

〈
그가 놓고 간 시 한 수

빈 그네 사라졌다

늦은 오월

양귀비 축제에 갔다
경로 우대도 없고
상품권도 안 주고
입장료만 받는다고 불만의 소리가 크다
사진 촬영을 할 수 있게 만들어 놓은 길을 두고
꽃가지를 밟으며 사진을 찍는 사람들
깡통 열차가 깡통 소리를 내며 간다

양귀비가 가냘프게 흔들리고
햇빛이 꽃길에서 부서져 곳곳으로 스며드는데
카메라에 담는 주름진 얼굴들
꽃다운 이름으로 남기려나 보다

눈길을 멀리 두고 바라보니
깡통 열차도 밟힌 꽃들도 멀리 보는 세상에는
한 무리의 꽃인 것

"들어가지 마세요"
팻말을 지나오는데
나비와 벌들이 꽃 속으로 사라진다

어떤 인연

갑자기 검은 구름이 무리 지어 떠돈다
길을 찾아 떠돌 듯
한바탕 소나기 쏟아내고 자취를 버린다

우산 없이 비를 맞던 사람
비 그친 젖은 길을 되돌아가는 사람

잠시 긴장했던 길이 평온해지니
소나기는 소나기로 잊혀지고

어제 보았던
망초꽃 무리는
그들 속에서
소리 없이 피고 지는 일을
아무도 알아보지 못하게
고요히 머물다 간다

오뉴월 감기

한 주가 지나도록
감기에 시달리고 있다
기침과 코 막힘으로
잠을 이루지 못해
캄캄한 방안에 앉아있었다
고통과 잡념이 어둠 안에 가득하여
아침이 더디게 오던 날

오뉴월 감기는 개도 안 걸린다는데

심한 기침으로
스스로 이방인이 되어
사람과의 거리를 두고
눈치를 살피기도 한다

내리쬐는 햇빛도
내 병마를 걷어가지 못해
장마가 오락가락하는데
초복이 가까이에서 열기를 보낸다

나무 아래 있었다

뿌리를 내리고
그늘을 넓혀가는 나무들
새들이 잎 사이를 날 때
구름들이
간간이 그림자를 떨구고 간다

한곳에 서서 다생을 사는
뜨거운 삶은
산을 흔들고
나는 잎 속에 손을 얹어본다

나는 듣는다
세상을 향해 당당하게 밀어내는 잎들과
어둠 속에서
무한히 깊어가는
뿌리의 소리를

메시지를 받다

감기 조심해라
코로나보다 더 무섭단다

친구의 메시지를 읽다가
목 안 깊은 곳에서 토해지는 괴로운 증상
알레르기 비염이 심해져서 힘든 날
창을 꼭꼭 닫고 밖을 보니
나뭇잎들이 바람과 섞이는데
기운 햇빛도 잎 사이로 줄을 선다

재채기와 씨름하는 동안
한해가 반에 들어섰다는
유월의 바람도
내게 어떻게 불어올지
환절기 끝에서 문을 잠근다

호흡기를 따뜻하게 하라는 의사의 말에
따뜻한 민트 차 한 잔 놓고

올라오는 김을
고요한 바람처럼
오래 보고 있다

여름날

소나기가 뜨거운 거리를 쓸고 갔다
길은 순식간에 사라진 빗물로
땅속 깊이 솟아오른 열기

까치 한 마리가
깃을 털며 숲으로 사라진다

비 그친 길을 가다
빗물 흘러내린 잎들의 부딪는 소리

소나기 지나며 빼곡히 달린 사과들
우박처럼 쏟아졌다

하루살이 떼 내 앞에서 혼돈을 일으키는데

어둠이 천천히 다가와
뜨거운 길을 덮는다

나

구름 한 점 없이 맑은 하늘에
달 하나 떠 있는 걸 상상했다
하늘을 버리고 달만 생각했다
달도 버리려고 하니
별 무더기를 달고 나오다
빗물 고인 물웅덩이로 떨어지는 달

법회가 시작되면 입정(入定)에 드는 나의 방식이다
잡념을 버리는 의식이다

그 넓은 하늘을 어떻게 비우려 했는지
나의 무지는
수십 년 동안
아직도 입정(入定)에 들지 못한다

나는 어떤가

벽에 걸린 시계를 본다
다독이는 리듬 소리의 초침
아무런 느낌 없이
쌓여가는 시간과
어느 지점에 도착하면 소멸해 갈 것이라는 내 생이
낭만적이라면
남은 삶을 잘살아 보자는 말에
공감해 볼 일이다
삶의 시작은 언제였을까
내가 있는 지점은 어디쯤일까

아직도 나는 알 수 없는 시간 속을 가고 있고
돌아보지는 말자고
믿었던 사람이 준 실망조차도 아파할 일이 아니었다고

가장 긴장해야 했던 일이 있었다면
찰나의 삶을 기억하는 순간이었을 것이다

■ 해설

서정적 서술시를 통한 존재의미 성찰

■□ 해설

서정적 서술시를 통한 존재의미 성찰

박현솔(시인, 문학박사)

　서정적 서술시는 시인의 사상과 감정에 함축적인 이야기를 담아 서술하는 시를 의미한다. 즉 서정과 서술이 결합하면서 서로를 보완하고 대중적인 성격을 띠게 된다. 서술시의 이야기는 소설의 이야기와 다른 성격을 보이는데 소설의 이야기가 완벽한 이야기라면 서술시의 이야기는 제한적이고 단편적인 이야기다. 즉 서술시의 이야기는 줄거리가 요약되고 화자가 서술자로서의 역할을 하게 된다. 이때 이야기의 요소인 인물, 배경, 사건이 제시되고 등장인물이 등장하면서 사건을 통해 갈등을 해결하는 과정을 거치면서 서술시의 주제가 도출된다.

　또한 서술시는 일상적이고 평이한 시어를 선택하여 독자에게 가까이 다가가고, 화자와 메시지, 청자의 담화 구조를 지니며 과거의 경험적 사실을 서술하게 된다. 이때 행동의 주체인 등장인물이 사건을 통해서 여러 삶의 양상을 드러내게 된다.

 현대 시사에서 서술적 서정시를 쓴 대표적인 시인으로 백석을 들 수가 있다. 백석은 모더니즘 시인이었지만 유년의 체험을 바탕으로 이야기를 전개해나가는 서술적 서정시를 썼다. 그리고 향토적인 소재를 바탕으로 공동체 지향적인 시를 썼다. 그리고 다양한 감각과 이미지를 통해 모더니즘의 특성을 반영하면서 갈등이 배제된 서정적 서술시를 썼다.

 이번에 세 번째 시집『그곳에 가면 누가 있나요』를 출간하는 박연식 시인은 그동안 독자들의 공감을 얻는 따뜻한 서정시를 써왔는데 그것의 연장선상에서 또 다른 특징을 선보이고 있다. 그것은 서정시에 서술적 요소인 이야기를 끌어들이고 있는 점이다. 그동안 이야기는 소설의 전유처럼 생각되었지만 최근에는 소설과 극, 시의 장르가 혼융되는 양상을 보이고 있고 박연식 시인도 그 대열에 동참하고 있는 느낌이다. 예를 들어서 시집 4부에「손바닥 소설」이 있고 여기에서 서술과 대화체가 이어지고 있는 것과 여러 다른 시들에서 이야기가 포함되어 있는 것을 볼 때 시인이 의도적으로 소설의 특성을 빌려왔음을 짐작하게 한다.

 그럼에도 이번 시집에서 그 중심을 잡아주는 것은 역시 화자의 정서와 감정을 충분히 녹여낸 서정시다. 이미지 위주로 사물과 대상을 포착하는 것이나 나이 듦을 받아들이는 성숙한 자세, 존재의 성찰을 통해서 종교적 깨달음의 세계로 나아가는 모습까지 사유하고 표현하는 모든 것에서 오랜 내공이 느껴진다. 이번 시집에서는 네 가지 측면에서 그 특징이 포착되는데 첫째는 서술시의 핵심이라고 할 수 있는 이야기와 서술의 도입이고, 둘째는 집중과 여백의 서정시이고, 셋째는 삶과 시간에 대한 성찰, 넷째는 불교적 상상력이다. 이러한 특징들을 통해서 박연식 시인이 지향하고자 하는 바를 다음의 시들을 통해서 찾을 수 있을 것이다.

1. 이야기와 서술의 도입

나는 사느라고 못 찾아뵈었다고 그 흔한 핑계를 댔습니다. 너무 많이 야위신 고모는 내 손을 꼭 잡으며 눈물을 흘리시고 나도 눈물이 났습니다. 고모는 내 나이 세 살 때 시집을 가셨답니다.
"네 생일이 동짓달 초나흘이다."
문득 고모가 말씀하셨습니다.
"네 생일만 되면 잊지 않고 말한단다."
고모부가 말씀하셨습니다.

발 길이 떨어지지 않는 인사를 나누려는데 풀기 없이 야윈 손으로 내 손을 꼭 잡아 당신 얼굴에 묻고 고모는 눈물을 흘리십니다. 내 나름대로 올망졸망 마련해간 음식을 차려드리고 돌아오는 내내 우울했습니다.

- 「그곳에 가면 누가 있나요」 부분

  이 시에서는 오래전에 연락이 끊어진 고모를 찾아 재회하고 정을 나누는 상황이 제시되고 있다. 이때 갈등이 없는 서술과 대화체가 활용되고 있는 점이 특징적인데 갈등이 없는 서술이 사람들 간의 유대감을 결속시키는 방식이라면 갈등이 드러나는 서술은 사람들 간의 단절과 고립을 부각시키는 효과가 있다. 다른 시 「엄마 생각」에서 가족 간에도 갈등이 생길 수 있음을 보여주는데 ""엄마 짐 찾으러 터미널 갈 새가 없는데 주말도 아니고 상의도 없이 짐을 부치시면 어떻게 해요?" / "그렇구나!" / 난 나이 든 사람이고 직장에 매여 있는 딸 사정을 헤아리지 못한 둔한 엄마였구나 생각하며 자책을 했다.//돌아가신 엄마가 문득 떠올랐다. 내 얼굴을 하루만 못 봐도 뭔가 음식을 해서 오신다. 나를 보기 위해서 핑계를 만들어 장애 차를 밀고 오시던 엄마. "엄마 힘드신데 왜 이런 걸 해오세요?" 하며 질책하던 나. 이제 내 곁을 차례차례 떠나신 어른들, 내가 어른이 된 지금 막다른 길에 들어선 것처럼 초조할 때가 있다.//주면서 미안해하는 엄마, 엄마를 닮아가는 나. 엄마가 보고 싶다. 눈물이 난다. 엄마의 외로운 사랑도 나의 후회하는 사랑도 가여운 날.(「엄마 생각」 부분)"과 같이 상의 없이 딸에게 짐을 부치면서 모녀 사이에 갈등이 유발되고 있다. 등장인물과 사건, 갈등이 서술의 방식을 통해 전달되고 있으며 이야기와 서술과 대화체가 적절히 어우러지면서 서정적 서술시의 요건을 충족시키고 있다.

 박연식 시인의 시들 중에는 가족 중심의 이야기가 자주 등장하는 편이다. 과거에 있었던 일 중에서 특별히 가족 간에 일어날 수 있는 일들을 잘 포착하여 함축적이고 제한적인 이야기를 담아내고 있는 점은 백석이 고향과 공동체의 이야기를 담은 것과 다른 점이라고 할 수 있다. 또 다른 시 「내가 좋아하는 낱말」에서는 갈등이 없는 서정적 서술시가 소개되고 있다. "내가 좋아하는 언어와 그 외의 언어들이 내가 사는 동안 얼마나 많이 나를 통과해 갔을까? 내겐 먼 기억 속 각인 되어 있는 글자가 있다. 내가 한글을 배우던 유년 시절의 이야기이다. 아버지는 내게 먹가는 법을 가르쳐주시면서 말씀하셨다. "이게 아버지가 제일 좋아하는 글자란다." 그 글자는 親(어버이 친)이다. 아버지는 뜻풀이를 해주셨다. "立 설립, 木 나무 목, 見 볼 견. 이 세 글자를 합해서 이루어진 글자란다." 그러면서 "부모가 나무 그루터기에 올라서서 자식이 오는 곳을 바라보며 기다리는 어진 모습이라고 하셨다.(「내가 좋아하는 낱말」 부분)"에서도 대화체는 나타나고 있지만 갈등의 요소가 배제되어 있다. 다만 말하고자 하는 주제인 어버이의 사랑을 더욱 강화하는 방식으로 서술이 진행되고 있다. 그리고 무엇보다 이야기가 제한적이고 함축적이어서 소설의 완벽한 서술에는 미치지 못하지만 서술시의 조건에는 충족하는 것을 알 수가 있다.

2. 집중과 여백의 서정시

낙엽을 바구니에 담는다
담다 보니 생기는 욕심에
자꾸 눌러 담는다

벤치에 앉아
하늘과 단풍들을 번갈아 본다
간간이 잎들은 쌓인 낙엽 위로 떨어진다

욕심을 덜어내듯
바구니 안의 단풍을 다시 나무 밑에 쏟아 놓는다

아무 일도 없는 듯 하늘은 파랗고

물든 시간들이

가을 길을 내는데

서녘으로 몰려온 붉은 빛들로

솟아오른 산들이 어둑해지니

별들도 속속 일어나 빛을 낸다

오늘 하루

바람 같은 점멸이 지나는 동안 보았지요

보랏빛 국화도 한몫 가을 안에서

빛이 되는 것을

─「어느 오후」 전문

 서술과 이야기의 매력을 느끼더라도 시인이 결코 놓칠 수 없는 것이 서정에 대한 감각이다. 서정은 어떤 장르와도 비교할 수 없는 묘한 매력을 가지고 있으며 인물들의 관계나 갈등이 아닌 마음속에 흐르는 감정과 진심을 표현하게 된다. 시인은 자신의 내면에 차오르는 무언가를 해갈시키지 못하고는 타자의 마음을 볼 수가 없다. 그런 이유로 시인은 자신의 감정을 도외시할 수 없고 가장 갈급

하게 어루만져야 하는 것이다. 박연식 시인의 서정시에서는 집중적이고 깔끔한 여백을 가지면서도 비교와 반전으로 의외성을 보여주어 시적 여운을 남기는 것이 특징이다.

이 시에서 시적 화자는 자동차 위에 떨어진 낙엽들을 모아 가을의 정취를 만끽하려고 하지만 자신의 행동이 욕심에서 비롯된 것임을 자각하면서 낙엽을 다시 "나무 밑에" 쏟아 놓는다. 나무의 것을 다시 나무에게 돌려주는 이러한 행위는 순환론적인 세계관에서 비롯된 것이라고 할 수 있다. 인간의 욕망과는 별개로 자연과 세상 만물이 자연스럽게 돌아가는 이치를 담백하게 보여주고 있다. 자연과 사물, 화자의 마음이 일체가 될 때 이를 감각화하여 이미지로 보여주면서 감정을 얹을 때 서정시는 무한한 감동을 준다. 이러한 과정은 서술시에서는 찾아볼 수 없는 것이고 서정시만의 성취와 희열을 안겨주는 과정인 것이다.

다른 시 「그림자」에서 "한 생의 무게에 눌려/회색빛이 된 내 수행자//허공을 나는 새들은/아마도/거추장스러운 제 그림자/산기슭 어디엔가 떨구고 갔을지도 모를/거대한 산이 움직일 때면/빛들은/서둘러 시간을 거두고/휴식에 드는 것이다(「그림자」부분)"에서 화자가 자신의 그림자를 안쓰러워하는 마음과 새들이 그림자를 벗어버리는 양상을 대비적으로 보여줌으로써 반전에서 비롯되는 신선함을 전해주고 있다. 그리고 「어떤 망각」에서는 "대상 없는 말들이/고요처럼 사라지는 장면들//천천히 등 햇살이 식어가면/넓은 창이 동공처럼 모이고/마주치는 붉은 해가 기울며 퍼지다/선명해지고/아주 조금씩/산 위에 선을 긋고/어디론가 떨어진다(「어떤 망각」 부분)"와 같이 말의 소멸과 석양이 기우는 양상을 대비적으로 보여주며 자연스럽게 흘러가는 시간 의식을 자각하게 해준다. 박연식 시인의 서정시에는 스러지는 것과 일어서는 것, 꽉 채운 것과 비운 것 등의 대비와 반전에서 느껴지는 독특한 감동이 있다. 그리고 이미지는 독자를 집중하게 만들고 기교가 아닌 진심에서 우러나오는 감성과 여백에서 풍성한 시적 여운이 느껴진다.

3. 삶과 시간에 대한 성찰

산들바람은
산에서 들에서만
아주 오래전에 불었었지

바람은 불지 않는다
세상 곳곳으로 스며들 뿐

어느 날 격하게 세상을 휘저을 때도

그 단단함에 대해 말할 수 없다
　　세상은 흔들려야 하고
　　그를 향해 있는 것은 바람이었으니

　　지난날
　　꽃들의 왈츠가 산야를 덮을 때
　　내 등 뒤에서 쓸쓸히 지나는 바람을 보았다
　　어디에도 섞이지 못하는 내가
　　오롯이 나일까

　　그리운 것은 언제나 아득하고
　　외로워서 흔들리는 바람도
　　깊은 숲에서 잠들 때가 있다

　　-「꽃들의 왈츠가 있던 날」 전문

　박연식 시인의 시에서 보이는 또 하나의 특징은 삶과 시간에 대한 성찰이다. 화자는 살아온 날들보다 앞으로 살아갈 날이 짧다는 생각에 더욱 초조해지고 지난 생을 돌아보면서 남은 생에 더 큰 의미를 부여하게 된다.
　그런데 성찰의 심도가 다른 시들이 있는데 위의 시에서는 꽃의 개화 시기에 꽃과 바람이 한데 섞여 흔들리는 순간을 "왈츠"를 추는 것으로 표현하고 있다. 꽃의 세상에 초대된 바람의 행적과 그것을 바라보면서 소외감을 느끼고 있는 화자의 모습이 그려진다. 떠들썩한 봄날의 축제에서 "어디에도 섞이지 못하는" 자신을 자각하며 그동안 엮어온 인연들을 되돌아보는 것이다.

다른 시 「나는 어떤가」에서는 삶에 대한 성찰이 드러나고 있는데 "아무런 느낌 없이/쌓여가는 시간과/어느 지점에 도착하면 소멸해 갈 것이라는 내 생이/낭만적이라면/남은 삶을 잘살아 보자는 말에/공감해 볼 일이다/삶의 시작은 언제였을까/내가 있는 지점은 어디쯤일까//아직도 나는 알 수 없는 시간 속을 가고 있고/돌아보지는 말자고/믿었던 사람이 준 실망조차도 아파할 일이 아니었다고//가장 긴장해야 했던 일이 있었다면/찰나의 삶을 기억하는 순간이었을 것이다(「나는 어떤가」 부분)"와 같이 곰곰이 자신의 지난날을 되돌아보고 있다.

성찰의 심도가 조금 옅은 시로는 「흐린 날」을 꼽을 수가 있는데 "겨우내 떠나지 못하던 방을 나왔다/낯선 길을 만난 듯/두리번거리며 걷는다//겨울을 견뎌낸 호수는/앙상한 나무와 회색 하늘을/뿌리내리고 있다//무거운 눈 받아낸 나무에 기대본다/견딘다는 것은 살아내는 일이다(…)바람도 힘겨운 듯 가라앉고/석양도 회색이다(「흐린 날」 부분)"와 같이 겨울을 견뎌낸 호수와 무거운 눈을 받아낸 나무, 자연이 함께 힘겨운 시간을 보냈음을 확인하면서 자신의 삶만 그런 것이 아니라는 위안과 성찰을 보여주고 있다.

4. 불교적 상상력

> 구름 한 점 없이 맑은 하늘에
> 달 하나 떠 있는 걸 상상했다
> 하늘을 버리고 달만 생각했다
> 달도 버리려고 하니
> 별 무더기를 달고 나오다
> 빗물 고인 물웅덩이로 떨어지는 달
>
> 법회가 시작되면 입정(入定)에 드는 나의 방식이다
> 잡념을 버리는 의식이다
>
> 그 넓은 하늘을 어떻게 비우려 했는지
> 나의 무지는
> 수십 년 동안
> 아직도 입정(入定)에 들지 못한다
>
> - 「나」 전문

박연식 시인의 시에서 가끔 나타나고 있는 불교적 상상력은 시인의 삶과 정신적인 것에 많은 영향을 주고 있는 듯하다. 그녀의 시에 불교적 용어나 연관어가 포함되어 있고 사유의 체계 역시 그것을 바탕으로 돌아가고 있기 때문이다. 시인이 서술시를 쓴다는 것은 자신의 경험 속에 많은 이야깃거리가 있으며 갈등과 화해를 통해서 많은 에너지와 감정이 소모되고 그에 따라서 번민도 많을 수밖에 없다. 즉 삶과 죽음, 욕망과 비움, 인연과 악연 등에 대한 생각들이 많이 일어나고 스러지고를 반복한다. 이 시에서도 "입정"이라는 불교적 용어가 등장하고 있는데 이것은 마음의 안정을 얻기 위해서 선정에 들어가는 것을 의미한다. 일체의 사념이 까맣게 잊힌 상태로서 마음을 한 곳에 집중하여 몸과 입과 마음이 행하는 업을 그치는 것을 말한다. 이 시에서 시적 화자는 입정에 들기 위해서 눈을 감고 "하늘"을 떠올리고 거기에 있는 "달"과 "별 무더기"들을 연달아 떠올리면서 그것들을 하나씩 지우려고 집중한다. 나중에는 하늘까지 지우려는 시도를 하지만 쉽게 되진 않는다. 이 모든 것들을 지워야 한다는 부담감이 비움과 집중에 방해가 되고 있는 형상이다.

다른 시 「동공」에서도 불교적 상상력이 드러나고 있는데 "새벽이면/창문의 작은 무늬 속으로 어둠을 본다/멀리서 별 같은 빛들이 다가온다/하늘 한컨이 내려앉은 듯/한참을 보다 보면/저들과 나 사이에 경계가 깨진다//경전을 읽는다/잡념과 씨름하다/기도를 마쳤다고/경전을 덮는다//어둠이 사라지고 빛들도 사라지고/나의 눈은/천 개의 눈이 된다(「동공」 전문)"에서 입정에 들기 위한 절차가 순조롭게 진행되면서 화자가 종국에는 "천개의 눈"을 가진 관세음보살이 된다. 여기에 천 개의 손까지 가지게 되면 오롯한 천수천안관세음보살이 되는 것이다. 즉 천 개의 눈으로 사람들의 고통을 보는 경지에 오른 화자는 천 개의 손으로 사람들의 고통을 어루만지는 순간을 꿈꾸게 될 것이다.

  또한 「구정 지나」에서도 조금은 다른 불교적 상상력이 드러나고 있는데 "크고 작은 눈송이가 섞여서 내린다/지붕들이 둥글어진다/먼 산 능선이 높아진다/눈 내린 산속 암자엔/어느 선사가/선정에 들었나보다//세상이 백지가 되었으니/하얀 길 위에 차들이 지나면서/깊은 자국을 남긴다/둥글 대는 바람들이/차 뒤를 쫓다 뒷걸음친다//창 안에 나는/머언 산에 마음을 두고/기다림을 접듯/오래 눈 속을 보고 있다(「구정 지나」 전문)"에서 시적 화자의 눈에 포착된 눈송이들이 인간 세상을 다 덮고 고요해지면 화자의 의지에 따라 불교적 상상력이 작동되는데 그것은 고요를 지나 산속 암자에서 선정에 든 "선사"에 이른다. 시적 화자와 달리 선정에 든 선사는 입정에 들어서 열반의 경지에 다다른다. 눈 내리는 날 차를 운전하고 가는 동안에도 화자의 불교적 상상력은 꼬리에 꼬리를 물며 발현되고 있다.

 시인이 서정성을 갖춘 것은 기본적인 일이지만 거기에다 서술성까지 갖춘다는 것은 굉장한 경쟁력을 갖는 일이다. 현대의 삶이 복잡하고 시대가 빠르게 변하는 이 시점에서 서정과 서술이라는 두 개의 크고 강력한 표현 수단을 가지고 세상과 인간을 탐구한다면 이보다 더 큰 축복은 없을 것이고 더 이상 바랄 것이 없을 것이다. 이러한 것을 반영하듯이 최근에는 서사성뿐만 아니라 극성을 시에 끌고 오는 시인들도 많아졌다. 익숙한 서정만으로는 이 복잡한 세태를 다 담을 수 없다고 판단한 시인들이 이런 선택을 하고 있는 것이다. 이러한 선택은 아주 바람직한 것이고 이런 흐름이 주는 긍정은 한국 시문학사에 새로운 시적 흐름으로 조명될 가치가 있는 것이다. 그리고 이런 장르 혼용의 과정에서 창작 주체도 시대의 흐름에 발 빠르게 대응하면서 독자들의 관심을 끌어모으고 소통의 중심으로 나아갈 수 있게 된다. 시들이 시인의 내면으로 파고들면서 알 수 없는 비유로 소통을 가로막았던 것들이 조금씩 변하고 있음을 독자들이 눈치를 챘다면 이 얼마나 기쁜 일인가. 조금 더 자신들과 소통하기 위해서 시인들이 달라지고 있다면 독자들도 돌렸던 등을 다시 돌려서 새로운 시집들을 호기심 어린 눈으로 바라볼 것이다. 힘들고 어렵고 아픈 현실을 사는 사람들을 이해하기 위해서 마음가짐과 시적 방법을 새롭게 한 시인들이 위로의 시와 소통의 시를 건넨다면 독자들은 공감의 눈물을 흘리지 않을 수 없다. 그런 변화의 흐름에 기꺼이 동참하고 있는 박연식 시인의 이번 시집은 여러 주제를 가지고 심도 있는 사유로 독자들에게 다가가고 있으니 푸른 시의 벌판에서 시인과 독자가 함께 공감할 일만 남은 것 같다. 이 시집은 그만큼 소박하고 여백이 있으면서도 강력한 감동이 있는 독특한 시집이다.